0

cero

noll

10

diez

tio

20

veinte

tjugo

30

treinta

trettio

40

cuarenta

fyrtio

50

cincuenta

femtio

60

sesenta

sextio

70

setenta

sjuttio

80

ochenta

åttio

90

noventa

nittio

100

cien

ett hundra

1000

mil

ett tusen

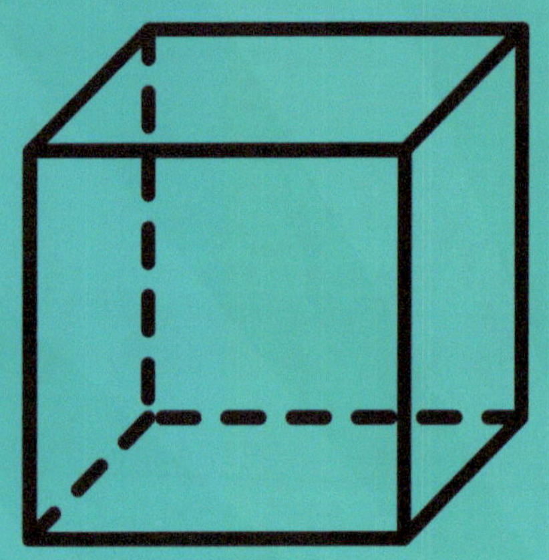

cubo

kub

bloque de juguete

block

cubo de hielo

isbit

caramelo

karamell

azúcar

socker

dados

tärningar

caja de regalo

presentask

caja de cartón

kartonglåda

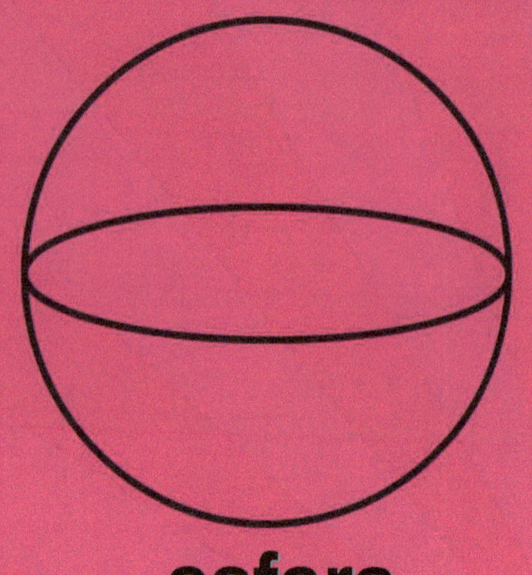

esfera

sfär

cuchara para helado

glasskula

perla

pärla

burbuja

bubbla

canicas

kulor

planeta

planet

bola de nieve

snöboll

pelota de tenis

tennisboll

cilindro

cylinder

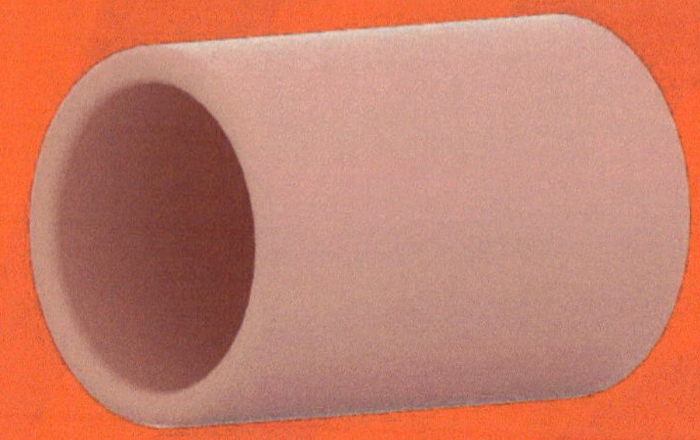

tubo

rör

baterías

batterier

carrete de hilo

trådspole

canela

kanel

rodillo

kavel

salchicha

korv

paca de heno

höbal

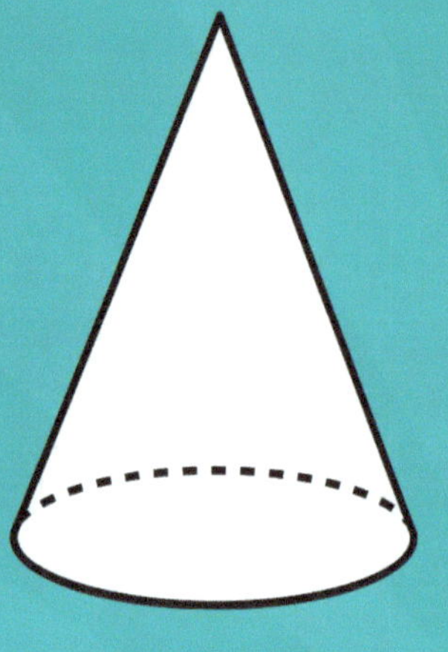

cono

kon

cono de tráfico

vägkon

cono de helado

glasstrut

sombrero de bruja

häxhatt

mazmorra

fängelsehåla

abeto

gran

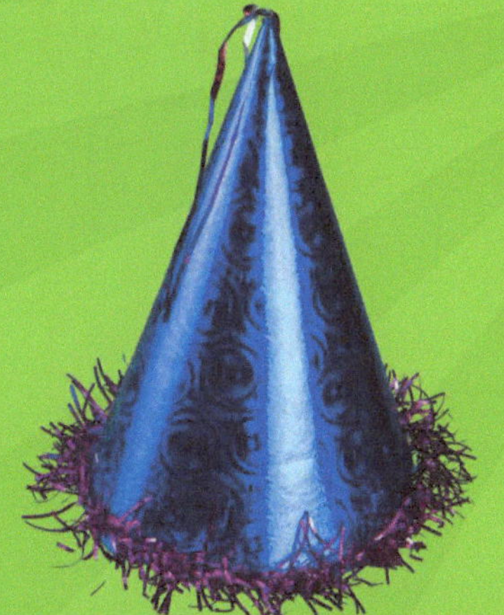

sombrero de fiesta

partyhatt

caracol

snigel

mora

björnbär

grosella

vinbär

clementina

klementin

durián

durian

fruta del dragón

drakfrukt

yaca

jackfrukt

carambola

stjärnfrukt

espárragos

sparris

rábano

rädisa

frijol rojo

kidneyböna

nabo

rova

mandioca

kassava

ñame

sötpotatis

garbanzos

kikärtor

águila

örn

murciélago

fladdermus

castor

bäver

flamenco

flamingo

cuervo

korp

mirlo

koltrast

herrerillo azul

blåmes

urraca

skata

golondrina

svala

alondra

lärka

periquito

parakit

pájaro carpintero

hackspett

pavo real

påfågel

loro

papegoja

tucán

tukan

cigüeña

stork

coral marino

korall

anémona de mar

havsanemon

erizo de mar

sjöborre

caballito de mar

sjöhäst

pez payaso

clownfisk

pez dorado

guldfisk

cangrejo

krabba

cangrejo ermitaño

eremitkräfta

delfín

delfin

narval

narval

pulpo

bläckfisk

calamar

bläckfisk

tiburón ballena

valhaj

orca

späckhuggare

ballena azul

blåval

ballena beluga

vitval

tiburón martillo

hammarhaj

tiburón blanco

vithaj

tiburón limón

citronhaj

tiburón tigre

tigerhaj

saltamontes

gräshoppa

oruga

larv

escorpión

skorpion

lagarto

ödla

dinosaurios

dinosaurier

pelo negro

svart hår

pelirrojo

rött hår

pelo castaño

brunt hår

pelo rubio

blont hår

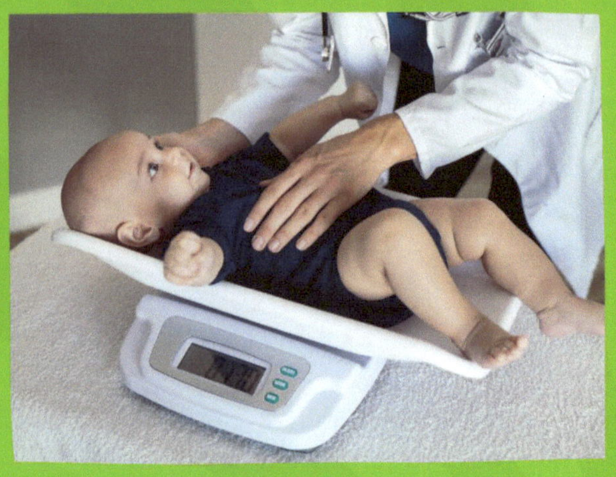

báscula

våg

hospital

sjukhus

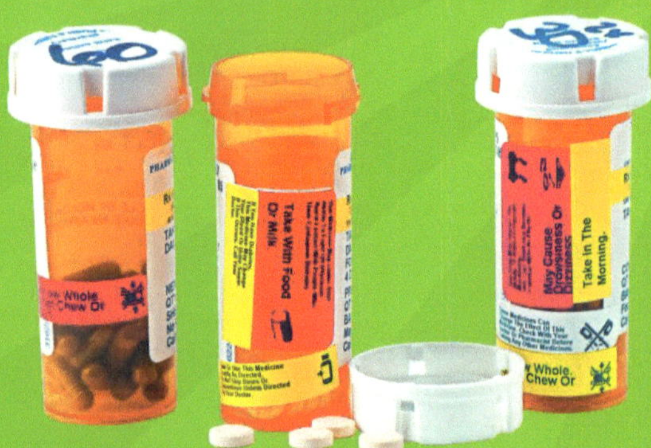

medicina

medicin

termómetro

termometer

vendaje

bandage

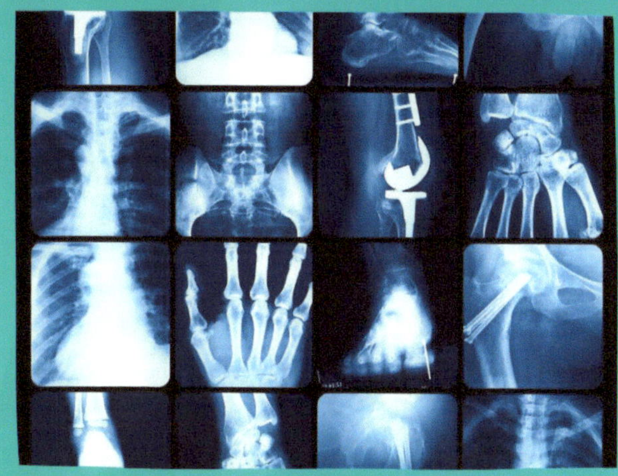

radiografía

röntgen

doctor

läkare

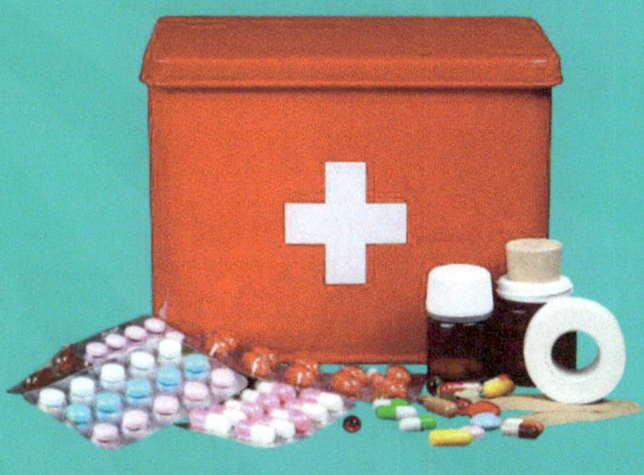

kit de primeros auxilios

första hjälpen-kit

jugar

leka

dibujar

rita

contar

räkna

escribir

skriva

baile

dans

natación

simning

esquí

skidåkning

baloncesto

basketboll

tenis

tennis

ping pong

bordtennis

fútbol

fotboll

equitación

ridning

hockey sobre hielo

ishockey

judo

judo

boxeo

boxning

carrera

löpning

béisbol

baseboll

grillo

cricket

rugby

rugby

voleibol

volleyboll

maracas

maracas

pandereta

tamburin

xilófono

xylofon

violín

fiol

piano

piano

guitarra

gitarr

violonchelo

cello

arpa

harpa

tambor

trumma

djembé

djembe

batería

trumset

trompeta

trumpet

trompa

horn

saxofón

saxofon

flauta

flöjt

auriculares

hörlurar

cantar

sjunga

partitura

noter

micrófono

mikrofon